"ධම්මෝ හි වාසෙට්ඨා, සෙට්ඨෝ ජනේතස්මිං
දිට්ඨේ චේව ධම්මේ, අභිසම්පරායේ ච."

වාසෙට්ඨයෙනි, මෙලොවෙහි ත්, පරලොවෙහි ත්
ජනයා අතර ධර්මය ම ශ්‍රේෂ්ඨ වෙයි !

- අග්ගඤ්ඤ සූත්‍රය - භාගයවත් බුදුරජාණන් වහන්සේ

නුවණ වැඩෙන බෝසත් කථා - 35
ජාතක පොත් වහන්සේ
(චූළකුණාල වර්ගය)

පූජ්‍ය කිරිබත්ගොඩ ඤාණානන්ද ස්වාමීන් වහන්සේ

ISBN : 978-955-687-158-6

ප්‍රථම මුද්‍රණය	:	ශ්‍රී බු.ව. 2562 ක් වූ වෙසක් මස පුන් පොහෝ දින
සම්පාදනය	:	මහමෙව්නාව භාවනා අසපුව වඩුවාව, යටිගල්ඔළුව, පොල්ගහවෙල. දුර : 037 2244602 info@mahamevnawa.lk | www.mahamevnawa.lk

පරිගණක අකුරු සැකසුම, පිටකවර නිර්මාණය සහ ප්‍රකාශනය :
මහාමේඝ ප්‍රකාශකයෝ
වඩුවාව, යටිගල්ඔළුව, පොල්ගහවෙල.
දුර : 037 2053300, 076 8255703
mahameghapublishers@gmail.com

මුද්‍රණය	:	ලීඩ්ස් ග්‍රැෆික්ස් (පුද්.) සමාගම, අංක 356 E, පන්නිපිටිය පාර, තලවතුගොඩ. ටෙලි: 011-4301616 / 0112-796151

නුවණ වැඩෙන
බෝසත් කථා - 35
ජාතක පොත් වහන්සේ
(චූලකුණාල වර්ගය)

සරල සිංහල පරිවර්තනය
පූජ්‍ය කිරිබත්ගොඩ ඤාණානන්ද ස්වාමීන් වහන්සේ

මහාමේඝ
MAHAMEGHA
ප්‍රකාශනයකි

පෙරවදන

ජාතක පොත් වහන්සේ ඔබ කියවලා ඇති. කුඩා අවධියේත්, පාසලේදීත්, සරසවියේත්, පන්සලේ බණ මඩුවේත්, වෙසක් නාඩගමේත් අපි ජාතක කථා රස වින්දෙමු. නමුත් එහි සැබෑ අරුත කුමක් දැයි තේරුම් ගන්නට අප සමත් වූ වගක් නම් නොපෙනේ.

'නුවණ වැඩෙන බෝසත් කථා' නමින් ඒ ජාතක කථා ඔබේම භාෂාවෙන් ඔබට කියවන්නට ලැබෙන්නේ එයින් ඉස්මතු වන අරුතත් සමඟිනි. මෙහි අරුත් දැන එම කථාවත් මතක තබා ගෙන සත්පුරුෂ ගුණධර්ම දියුණු කර ගන්නට මහන්සි ගන්නේ නම් එය ජාතක කථාවෙන් ඔබට ලැබෙන සැබෑම ප්‍රතිඵලයයි.

හැම දෙනාටම තෙරුවන් සරණයි!

මෙයට,
ගෞතම බුදු සසුන තුළ මෙත් සිතින්,
පූජ්‍ය කිරිබත්ගොඩ ඤාණානන්ද ස්වාමීන් වහන්සේ
ශ්‍රී බුද්ධ වර්ෂ 2560 ක් වූ වෙසක් මස 31 දා

මහමෙව්නාව භාවනා අසපුව
වඩුවාව, යටිගල්ඔළුව,
පොල්ගහවෙල.

පටුන

35. චූළකුණාල වර්ගය

නමෝ තස්ස භගවතෝ අරහතෝ සම්මාසම්බුද්ධස්ස
ඒ භාග්‍යවත් අර්හත් සම්මා සම්බුදුරජාණන් වහන්සේට නමස්කාර වේවා!

01. කින්නරී ජාතකය

මේ ජාතකයේ විස්තර සහිත කතාව කුණාල ජාතකයේ එන්නේ ය.

02. වානර ජාතකය

නුවණ නිසා දිවි ගලවා ගත් වඳුරාගේ කතාව

පින්වතුනේ, පින්වත් දරුවනේ,

අවස්ථාවට උචිත ප්‍රඥාවක් තිබීම ජීවිතයකට ගොඩාක් ප්‍රයෝජනයි. ඇතැම් අවස්ථාවලදී තමන් කාටවත් වරදක් නොකොට පවා නිකරුණේ අන් අය තමාව කරදරේ හෙළනවා. විපතට පත් කරනවා. විනාශ කරන්ට උගුල් අටවනවා. එවන් අවස්ථාවලදී ක්ෂණිකව වැටහෙන උපායශීලී නුවණ හේතුවෙන් තමන්ට ඒ

අනතුරුවලින් බේරෙන්ට පුළුවන්කම ලැබෙනවා. මේ එබඳු කතාවක්.

ඒ දිනවල අපගේ භාග්‍යවතුන් වහන්සේ වැඩ වාසය කොට වදාළේ රජගහනුවර වේළුවනයේ. ඔය කාලේ දේවදත්ත අධික ඊර්ෂ්‍යාව හේතුකොටගෙන භාග්‍යවතුන් වහන්සේ කෙරෙහි නිකරුණේ වෛර බැඳගෙන භාග්‍යවතුන් වහන්සේව විනාශ කරන්ට නොයෙක් දේවල් කරනවා.

දම්සභා මණ්ඩපයට රැස්වූ භික්ෂූන් වහන්සේලා දෙව්දත්ගේ මේ බිහිසුණු ක්‍රියා කලාපය ගැන මහත් සංවේගයෙන් යුක්තව කතා කරමින් සිටියා. ඒ අවස්ථාවේ අපගේ භාග්‍යවතුන් වහන්සේ එතැනට වැඩම කොට වදාළා. භික්ෂූන් වහන්සේලා තමන් කතා කරමින් සිටි කරුණ භාග්‍යවතුන් වහන්සේට සැළකොට සිටියා. භාග්‍යවතුන් වහන්සේ මෙසේ වදාළා.

"මහණෙනි, දේවදත්ත මාව විනාශ කරන්ට උත්සාහ කොට බැරිව ගියේ මේ ආත්මයේ විතරක් නොවේ. කලින් ආත්මෙකත් උත්සාහ ගත්තා. ඒත් වැරදුනා" කියා මේ අතීත කතාව ගෙනහැර දක්වා වදාළා.

"මහණෙනි, ගොඩාක් ඉස්සර කාලෙක බරණැස් පුරේ බ්‍රහ්මදත්ත නම් රජ්ජුරු කෙනෙක් රාජ්‍ය විචාරමින් සිටියා. ඔය කාලේ මහාබෝධිසත්වයෝ හිමාල වනාන්තරයේ එක්තරා වඳුරු ආත්මෙක ඉපදිලා සිටියා. මේ වඳුරා වාසය කළේ ගංගාවක් අසබඩ දිඹුල් වෘක්ෂයක යි.

දවසක් ඔය ගංගාවේ වාසය කරන කිඹුලියක් බෝධිසත්ව වඳුරා දිඹුල් ගහේ අත්තක වාඩිවී සිටින හැටි

බලා සිටියා. එතකොට කිඹුලිට මෙහෙම සිතුනා. 'ආං... අර... ෂෝක් වඳුරු නාම්බෙක්... හනේ... මට ඒකාගේ හෘදමාංශය උපුටා කන්ට ඇත්නම්!' කියා කල්පනා කොට තමන්ගේ මේ දොළ දුක කොහෝමහරි ඉෂ්ට කොට දෙන්ට ය කියා කිඹුලාට ඇවිටිලි කළා. කිඹුලාත් කිඹුලිය කෙරෙහි ඇති ආලවන්තකම නිසා ම මේ භාරදූර වැඩේ කරන්ට භාරගත්තා.

වඳුරා දිඹුල් අත්තක වාඩිවී විවේකයෙන් ඉන්නා වේලාවක් බලා සිට කිඹුලා වඳුරාට මෙහෙම කිව්වා. "හා... යාළුවා... කොහොමෙයි ඔහේගේ සැපසනීප! හනේ මට ඔහේ ගැන හරි කණගාටුයි."

"හෝ... අපගේ මේ කිඹුල් ගොබිලා නොවැ. ඔහේ මොකෝ මං ගැන එතරම් කණගාටු!"

"ඇයි වඳේ... ඔහේට පේන්නැතෙයි... අර ඇත... ගඟ මැද... අර දූපතක් තියෙන්නේ. ආං ඒ දූපතේ... ඕනෑතරම් ඉදිච්චි... පැණි බේරෙන... මිහිරි ම මිහිරි අඹ තියෙනවා. ඔහේ අඹ කන්ට නැද්ද ආසා!"

"අනේ මිත්‍රයා... ඔය කියන ජාතියේ අඹ කන්ට තමා මාත් ආසා. ඒත් කොහොමෙයි අර දූපතට යා ගන්නේ. නිකාං වතුරට පැනලා මැරෙන්ට ඇහැක!"

"හපොයි... එහෙම කරදර වෙන්ට ඕනෑ නෑ. අපි ඉන්නවා නොවැ. ඔහේ මගේ පිට උඩට නැගගත්තොත් මට පුළුවනි ඒ දූපතට ඇරලවන්ට. හැබැයි ඉතිං අඹ කද්දි ඔහේට අපව අමතක වේද දන්නෑ. හිහ්... හී..." කියලා කිඹුලා හිනා වුනා.

බෝධිසත්වයෝ මේ කිඹුලාගේ කතාව සැක කළේ

නෑ. මේකා මේ කියන්නේ ඇත්තක් ම තමා කියලයි සිතුවේ. "හා... එහෙනම් යමු බලන්ට" කියා දිඹුල් ගසෙන් බැස කිඹුලාගේ පිට උඩට පැන වාඩිවුනා. කිඹුලා ටික දුරක් ගිහින් කිමිදෙන්ට පටන් ගත්තා. එතකොට වඳුරා කෑ ගසන්ට පටන් ගත්තා.

"හෝව්... හෝව්... හනේ මේ කිඹුල, උඹ මේ මක්කද කරන්ට හදන්නේ? ඇයි මාවත් ඇන්න උඹ කිමිදෙන්ට හදන්නේ?"

"හහ්... හා... අනේ මෝඩ වඳුරුරජෝ... තෝව දූපතට ඇන්න ගොහින් මිහිරි අඹ කවන්ට මට රුජාවක් නෑ. මයෙ ප්‍රියම්බිකාවී දොළ දුකින් පසුවෙනවා තොගේ හෘද මාංශය උපුටා කන්ට යි ඈ ආසා. තව ටික වේලාවකින් තෝ කම්මුතුයි!"

"අනේ ගොබිලෝ... ඇයි තෝ මේ තරම් තකතීරු? තෝ හිතාන වුන්නේ මයෙ හෘදමාංශය මේ මගේ පපුවේ ඇතුලේ ඇත කියල ද? හහ්..."

"අනේ එහෙනම් කොහේ ද තොගේ හෘද මාංශෙ තියෙන්නේ?"

"ආං බලාපං... අර රතුපාටට දිඹුල් ගහේ එල්ලෙන්නේ. අර පේන්නැද්ද?"

"අනේ පේනවා පේනවා... එතකොට තෝ මට ඒ හෘදමාශෙ දෙනවා නේද?"

"හරි... මට ඕක මොකක්ද... නුඹට නොදී වෙන කාට දෙන්ට ද?" එතකොට කිඹුලා ආපහු දිඹුල් ගස පිහිටි ගං තෙරට ආවා. එතකොට ම බෝධිසත්වයෝ කිඹුලාගේ

පිටෙන් පැන දිඹුල් රුකට නැග කිඹුලාට ඔච්චම් කරමින් මේ ගාථාවන් පැවසුවා.

(1)

සත්තකින් ම කිඹුලෝ මට - මහ ජල කඳ මැද ඉඳලා
ඒ වතුරෙන් ගොඩට එන්ට - පුළුවන්කම ලැබුනා
දැන් නම් නුඹගේ වචනෙට - මං මුළාවෙන්නෙ නෑ

(2). මහමුහුදක් වැනි මේ ගංගාවෙන්
- එතෙර තියෙන නුඹ කියපු දිවයිනේ
තිබෙනා අඹ දඹ වැළ වරකා
- මට නම් දැන් කිසි පලක් නැතේ
ඔයිට වඩා මට මේ දිඹුල් රුක
- ඉතා උතුම් වේ

(3). මතු වී ආ විට අනතුර -
වහ වටහා ගත නොහැකි කෙනා
තැනට සුදුසු නුවණ වහා -
යොදවාගත නොහැකි කෙනා
සතුරාගේ වසඟෙට යන්නේ -
පසුවට හේ තැවෙමින් ඉන්නේ

(4). මතු වී ආ විට අනතුර -
වහ වටහා ගත හැකි කෙනා
තැනට සුදුසු නුවණ වහා -
යොදවාගත හැකි කෙනා
නෑ සතුරාගේ වසඟෙට යන්නේ -
නෑ හේ පසුවට තැවෙමින් ඉන්නේ

මහණෙනි, එදාත් බෝධිසත්වයෝ අවස්ථාවෝචිත ප්‍රඥාවෙන් වැඩ කිරීම නිසා සාතන කුමන්ත්‍රණයෙන්

බේරුනා. මහණෙනි, එදා කිඹුලා වෙලා සිටියේ දේවදත්ත. වඳුරුරජාව සිටියේ මම" යි කියා භාග්‍යවතුන් වහන්සේ මේ ජාතකය නිමවා වදාළා.

03. කුන්තිනී ජාතකය

තම පැටවුන් මැරූ පළිය ගත් කොස්වා ලිහිණියගේ කතාව

පින්වතුනේ, පින්වත් දරුවනේ,

ඇතැම් විට සත්තු පවා තමන්ට වරදක් වුනොත් කල්යල් බලා උපක්‍රමශීලීව එහි වාඩුව ගන්නවා. කුරුල්ලන් වැනි සතුන් තුළ පවා පළිගැනීමේ අදහස් බලවත්ව තියෙන බව මේ කතාවෙන් අපට දැනගන්ට පුළුවනි.

ඒ දිනවල අපගේ භාග්‍යවතුන් වහන්සේ වැඩ වාසය කොට වදාළේ සැවැත් නුවර ජේතවනයේ. ඔය කාලේ කොසොල් රජ්ජුරුවන්ගේ මාළිගාවේ ඇත පළාත්වලට පණිවිඩ පණත් ගෙනියන්ට පුහුණු කරපු කොස්වා ලිහිණි කිරිල්ලියක් හිටියා. රජ්ජුරුවෝ මේ කිරිල්ලිට හොඳට සැලකුවා. මේ කොස්වා ලිහිණියට කුඩා පැටව් දෙන්නෙක් හිටියා. රජගෙදර හිටිය පොඩි ළමයි කොස්වා ලිහිණි පැටව් දෙන්නා අතට අරගෙන සුරතල් කරද්දී ඔවුන්ගේ අත්වලට තෙරපීමෙන් මරණයට පත් වුනා.

එදා සවස කොස්වා ලිහිණිය ඇවිත් තමන්ගේ පැටවුන් දෙන්නාව සෙව්වා. හඬ හඬා සෙව්වා. එතකොට මාළිගාවේ සේවකයෝ ලිහිණියට මෙහෙම කිව්වා. "මොනා කරන්ට ද ලිහිණියෝ. නාඬා ඉඳිං.... උඹේ

පැටව් දෙන්නා අරගෙන ආං අතන ඉන්න... අන්න අර කොලුවත්, අර ඊළඟට ඉන්න අනිත් කොලුවත් තරගෙට සුරතල් කරන්ට ගොහින් අතට සිරවෙලා මළා.”

“ඕහ්... එහෙනම් මේකුන් තමයි මයෙ දරුවන් මරා ගත්තේ.. හිටහං කෝ... මං නිකං ඉන්නෑ. මාත් මේකට වාඩුව ගන්නවා” කියලා කිරිල්ලී කොලු පැටවුන්ගෙන් පලිගන්ට උපායක් සෙව්වා. එතකොට ලිහිණියට රාජ මාළිගාවේ ඇති කරන මහා භයානක ව්‍යාඝ්‍රයාව මතක් වුනා. ‘හරි... මං දැන් හෙමිහිට අර කොල්ලන්ව රවටාගෙන ව්‍යාඝ්‍රයාගේ ළඟට ගෙනිහිං දෙන්ට ඕනෑ. ඉතුරු හරිය ඒකා බලාගනීවි.’

දවසක් කොලු පැටව් ව්‍යාඝ්‍රයාව බලන්ට ගියා. එදා ව්‍යාඝ්‍රයා කෝපයෙන් සිටි වෙලාවක්. මේ අවස්ථාව බලා සිටි කොස්වා ලිහිණිය ළමයි සමඟ එකතු වුනා. ළමයින්ටත් නොදැනීම ව්‍යාඝ්‍රයාගේ පාමුලට ම අරගෙන ගියා. ව්‍යාඝ්‍රයා පැනපු ගමං ළමයි දෙන්නව මරාදැම්මා.

‘හරි... හරියට හරි... දැන් මගේ වැඩේ හරි... යසයි... මං සිතූ පරිදි ම වැඩේ වුනා... හැබැයි... දැන් මාත් බරපතල වරදක් කළ එකියක් නොවැ. දැන් මෙහේ ඉන්ට හොඳ නෑ. මටත් රාජදණ්ඩන පමුණුවාවි’ යන භයින් ඈ අහසට පැන නැගී කෙළින්ම හිමාලයට ගියා. නැවත ආවේ නෑ. රාජ මාළිගාවේ කොස්වා ලිහිණිය තමන්ගේ පැටව් මියගිය පළිය ගන්නට ව්‍යාඝ්‍රයාගේ ළඟට ම ළමයිව අරගෙන ගිහින් ඌ ලවා මැරෙව් වග මුළු සැවැත් නුවර ම දැනගත්තා.

දම්සභා මණ්ඩපයට රැස්වූ භික්ෂූන් වහන්සේලා මේ ගැන කතා කරමින් සිටියා. ඒ අවස්ථාවේ අපගේ

භාග්‍යවතුන් වහන්සේ එතැනට වැඩම කොට වදාළා. භික්ෂූන් වහන්සේලා තමන් කතා කරමින් සිටි කරුණ භාග්‍යවතුන් වහන්සේට සැලකොට සිටියා. භාග්‍යවතුන් වහන්සේ මෙසේ වදාළා.

"මහණෙනි, ඔය කොස්වා ලිහිණිය සිතේ වෛර බැඳගන්නවා. ඕකි තමුන්නේ දරුවන් මැරූ පළිය ගත්තේ මේ ආත්මේ විතරක් නොවේ. මීට කලින් ආත්මෙකත් ඔය වැඩේ ම කළා. තමුන්නේ පැටවුන් මැරුවාය කියා ළමයිව ව්‍යාඝ්‍රයාගේ කට ළඟට ම ගෙනිහිං ව්‍යාඝ්‍රයා ලවා මරවා දැම්මා" කියා මේ අතීත කතාව ගෙන හැර දක්වා වදාළා.

"මහණෙනි, ගොඩාක් ඉස්සර කාලෙක බරණැස්පුරේ මහාබෝධිසත්වයෝ බ්‍රහ්මදත්ත නමින් රජව රාජ්‍ය විචාරමින් සිටියා. ඔය කාලේ ඒ බරණැස් රජු ළඟත් පණිවිඩ පණත් ගෙන යාම ඒම පිණිස හොඳින් පුහුණු කරන ලද කොස්වා ලිහිණියක් සිටියා. ඇටත් කුඩා ලිහිණි පැටවුන් දෙන්නෙක් සිටියා. දවසක් ඈ නැති අතරේ මාළිගාවේ සිටි ළමයි ඒ ලිහිණි පැටව් දෙන්නාව සුරතල් කරන්ට අතට ගත්තා. අතින් අතට ගනිද්දී කුඩා පැටවුන්ව තදින් මිරිකා ඇල්ලීම නිසා ඔවුන් මරණයට පත් වුනා. සවස් වෙලා ආ කොස්වා ලිහිණිය හඬ හඬා දරුවන් සොයද්දී මාළිගාවේ සිටිනා කුඩා ළමයි අතින් ඔවුන් මිය ගිය බව දැනගන්ට ලැබුනා. එතකොට තමන්ගේ දරුවන් මැරූ පළිය ගැනීමට ඈ උපායක් යෙදුවා. මාළිගාවේ ඇති දැඩි කරන බිහිසුණු ව්‍යාඝ්‍රයෙකු ළඟට ම අර ළමයින්ව රවටාගෙන කැඳවාගෙන යන්ට ඈ සමත් වුනා. ව්‍යාඝ්‍රයා අර ළමයින් ව මරා දැම්මා. එතකොට කොස්වා ලිහිණිය මෙහෙම සිතුවා.

'මාත් දැන් වරදක් කොළා නොවැ. දැන් ඉතින් මට මෙහෙ ඉන්ට පුළුවං කමක් නෑ. මං යනවා. හැබැයි මං නිකං යන්නෑ. රජ්ජුරුවන්ට කියලා ම යි යන්නේ' කියා සිතා ඈ කෙළින් ම රජ්ජුරුවෝ ළඟට ගිහින් සිටගත්තා.

"ස්වාමී, ඔබවහන්සේගේ ප්‍රමාදය නිසා මාළිගාවේ හැදෙන කොලුපැටව් මාගේ දරු සිඟිත්තන්ව මරා දැම්මා. ඒ ගැන මං හරි වේදනාවෙන් උන්නේ. මගේ හිතේ බලවත් ක්‍රෝධයක් හටගත්තා. ඒ නිසා මාත් ඒ කොලු පැටවුන්ව ව්‍යාඝ්‍රයා ලවා මැරෙව්වා. දැන් ආයෙ මට මෙහෙ ඉන්ට නං බෑ" කියා මේ පළමු ගාථාව කිව්වා.

(1). අනේ අපගේ රජ්ජුරුවෙනි -
මං තොපගේ මේ රජමැඳුරේ
හරි අගේට සැලකිලි ලබමින් -
නිතර හොඳින් කල් ගෙව්වා
එනමුත් මගෙ දරුවන් රැකදෙන්නට -
තොපගේ පමාවෙන් මේ විපත් උනේ
මට නම් දැන් මෙහෙ ඉන්නට බෑ ම යි -
හිමාලෙට ම මං යනවා යන්නට

කොස්වා ලිහිණියගේ මේ ගාථාව ඇසූ බෝධිසත්වයෝ ඈට මේ ගාථාවෙන් පිළිතුරු දුන්නා.

(2). එම්බා කොස්වා ලිහිණී -
තමාට කවුරුන් හෝ දරුණු දෙයක් කළ විට
තමාත් ඔවුන්හට එබඳු ම -
දරුණු දෙයක් කොට වාඩුව ගත් විට
වෛරය එතකොට නැතිවෙනවා නේ -
එනිසා දැන් තී මෙහි ම හිටිං

බෝධිසත්වයන්ගේ වචන ඇසූ කොස්වා ලිහිණිය මේ විදිහට පිළිතුරු ගාථාවක් පැවසුවා.

(3). අනේ රජුනි එය හරියන්නේ නෑ -
කාගෙන් හෝ තමාට ලැබුනොතින් දුකක්
තමාත් ඔවුන්ට දුන් විට දුකක් -
ආයෙ මිතුරුදම ඇතිවෙන්නේ නෑ
දැන් නම් මයෙ හිත හොඳට කැඩිලා -
මං ඉන්නේ නෑ යනවා ම යි

රජ්ජුරුවන් කොස්වා ලිහිණියගේ සිත සනසා නවත්වා ගැනීමේ අදහසින් මේ ගාථාව පැවසුවා.

(4). යමෙකුගෙන් ලබයි නම් උපකාර -
ඔහුටත් පෙරළා කරයි නම් උපකාර
ඔවුන්ගෙ මිතුදම ගැලපෙනවා නේ -
නැණවතුන්ගෙ මිතුදම යළි ඇතිවෙනවානේ
බාලයන්ගෙ මිතුදම නම් නැතිවෙනවා -
එනිසා මෙහි ම හිටිං කොස්වාලිහිණී

නමුත් ඈට සිත හදාගන්ට බැරි වුනා. ඈ හිමාලෙට යන්ට ම ගියා. මහණෙනි, එදා කොස්වාලිහිණිය වෙලා සිටියේ ඔය කොස්වාලිහිණිය ම යි. බරණැස් රජුව සිටියේ මම" යි කියා භාග්‍යවතුන් වහන්සේ මේ ජාතකය නිමවා වදාළා.

04. අම්බ ජාතකය

අඹ ගස් මුර කළ තාපසයාගේ කතාව

පින්වතුනේ, පින්වත් දරුවනේ,

සසර ගමනේ ඇති වෙන පුරුදු තමාටත් නොදැනීම ආත්මෙන් ආත්මෙට යන හැටි නම් හරීම පුදුම සහගතයි. එක එක ආත්මවල ඉපදිලා සිටියදී කළ දේවල් අප අතිනුත් මොනතරම් ආයෙමත් වෙනවා ඇද්ද. මේත් එබඳු කතාවක්.

ඒ දිනවල අපගේ භාග්‍යවතුන් වහන්සේ වැඩ වාසය කොට වදාළේ සැවැත්නුවර ජේතවනයේ. ඔය කාලේ වයසට ගිය කෙනෙක් ඇවිත් සංඝයාගෙන් පැවිද්ද ලබා ගත්තා. මේ මහලු භික්ෂුව ජේතවනයේ පිටුපසට වෙන්ට තියෙන අඹ වනයේ කුටියක් හදාගෙන නැවතුනා. අඹගස්වල ගෙඩි හටගන්නා කාලෙට වෙන වැඩක් නෑ. අඹගසකට සතෙකුටවත් එන්ට දෙන්නෑ. අඹගස් යටට ගොහින් ඒවා මුරකරගෙන ඉන්නවා. ඉදී වැටෙන වැටෙන අඹ අහුලාගෙන කනවා. තමන්ට හිතවත් මිනිසුන්ට එකතු කරගත් අඹ බෙදනවා.

දවසක් මේ මහලු භික්ෂුව සැවැත්නුවරට පිණ්ඩපාතේ වැඩිය වෙලාවේ අඹ හොරු වත්තට පැන්නා. පැනලා අඹගෙඩිවලට පොලු ගසා අඹගෙඩි වට්ටලා හැකිතාක්

කාලා අනිත් අඹ අරගෙන ගියා. ඔය අතරේ සිටුකුමාරිවරු සතරදෙනෙක් අචිරවතී නදියට නාන්ට ගියා. එමින් ගමන අඹ වැටී තියේදැයි බලන්ට අඹ උයනටත් ගොඩ උනා. එතකොට ම අර මහලු භික්ෂුවත් දුවගෙන ආවා. වටපිට බැලුවා. අඹ කඩලා වගෙයි. එතකොට ඔහු සිතුවේ එය මේ කුමාරිකාවන්ගේ වැඩක් කියලයි.

"හා... කියාපිය... ඔහේලා නේද මේ අඹ කඩාගෙන කෑවේ...!" එතකොට ඒ දියණිවරු හොඳටෝම භය වුනා.

"අනේ ස්වාමීනී... අපිත් මේ දැන් ආවා විතරයි. අපි මේ ගසේ අඹ ගෙඩියකට අත තිබ්බේ නෑ."

"මේ... බොරු කියන්ටෙපා... ඕං... මට පේන්නැද්ද... මේ... හැම තැනම අඹ කොළ වැටිලා... අර අඹ ගැට වැටිලා. අර පොලුත් තියෙන්නේ... අඹත් කාලා ඒ මදිවට බොරුත් කියනවා."

"අනේ නෑ ස්වාමීනී... අපි අඹ කෑවෙත් නෑ. බොරු කියන්නෙත් නෑ."

"හරි... එහෙනම් ඔය ළමයින්ට දිවුරන්ට පුළුවන් ද අඹ කෑවේ නෑ ම යි කියලා."

"එහෙමයි... ස්වාමීනී... අපි අඹ කෑවා තියා එක අඹ ගෙඩියක් අතින් ඇල්លුවේ නෑ. සත්තයි... සත්තයි!"

"හ්ම්... එහෙනම්... යනවා... ආයේ මේ පැත්ත පළාතේ අඹ කන්ට බලාගෙන එනවා නොවෙයි."

එතකොට ඒ සිටුදියණිවරුන් මහත් ලැජ්ජාවට පත් වුනා. මූණ රතු වෙලා ගියා. නිශ්ශබ්දව බිම බලාගෙන පිටත්ව ගියා. මේ මහලු භික්ෂුව කළ වැඩේ ජේතවනයේ

වැඩ හුන් සියලු භික්ෂූන් වහන්සේලාට දැනගන්ට ලැබුනා. හැමෝට ම මෙය පුදුම කරුණක් වුනා.

දම්සභා මණ්ඩපයේ රැස්වූ භික්ෂූන් වහන්සේලා මේ ගැන කතා කරමින් සිටියා. "අනේ බලන්ට ඇවැත්නි, අර වයසට ගොහින් පැවිදි වූ උන්නාන්සේ කළ දෙයක්. ඔහු පැවිදි වෙලා ඉන්නේ තමන්ගේ ඇස් කන් ආදී ඉඳුරන් රැකගන්ට නොවේ. අඹගස් රැකගන්ට. ආං හරි වැඩක් කරලා. සිවු දූලා හතරදෙනෙක් වතුර නාන්ට ගොහින් ආපහු යමින් ගමන ඒ උන්නාන්සේ ඉන්න අඹ වනයට ගොඩ වෙලා. එතකොට මේ උන්නාන්සේ ඒ ගෑණු ළමයි ව භය කරලා අඹ කෑවේ නැත කියලා දිවුරවාගෙන. මේ උන්නාන්සේ පැවිදිව කොයිබ ද යන්නේ" කියලා. ඒ අවස්ථාවේ භාග්‍යවතුන් වහන්සේ එතැනට වැඩම කොට වදාළා. එතකොට භික්ෂූන් වහන්සේලා තමන් කතා කරමින් සිටි කරුණ භාග්‍යවතුන් වහන්සේට සැළකොට සිටියා. භාග්‍යවතුන් වහන්සේ මෙසේ වදාළා.

"මහණෙනි, ඔය තැනැත්තා අඹ ගස් මුර කරන්නේ මේ ආත්මේ විතරක් නොවේ. මීට කලින් ආත්මෙකත් තාපසයෙක් වෙලා බණ භාවනා කළේ නෑ. අඹ ගස් මුර කළා. ඒ ආත්මෙත් සිවු දූවරු සතර දෙනෙක් ලවා දිවුරවාගෙන ඔවුන්ව ලැජ්ජා කරවා පිටත් කෙරෙව්වා." කියා මේ අතීත කතාව ගෙනහැර දක්වා වදාළා.

"මහණෙනි, ගොඩාක් ඉස්සර කාලෙක බරණැස්පුරේ බ්‍රහ්මදත්ත නම් රජ්ජුරු කෙනෙක් රාජ්‍ය විචාරමින් සිටියා. ඔය කාලේ මහාබෝධිසත්වයෝ ශක්‍ර දිව්‍යරාජව ඉපදිලා හිටියා. ඒ දවස්වල බරණැස ගංගා නදී ඉවුරේ අඹවනයක එක්තරා තාපසයෙක් කුටියක් හදාගෙන වාසය කළා. මේ

තාපසයාට බණ භාවනා කිරීමේ ඕනෑකමක් තිබුනේ ම නෑ. නිකං තාපස වේසෙන් හිටියා විතරයි. ඉතින් ඒ අඹ වනේ ගෙඩි හටගන්න කාලෙට මෙයා අඹගස් ටික රැකගෙන ඉන්නවා. ඉදී වැටෙන ගෙඩි ඔක්කෝම එකතු කරනවා. තමාත් කනවා. තමන්ට හිතවත් මිනිසුන්ට බෙදනවා. මිනිසුන් හා පෞද්ගලික හිතවත්කමක් ඇති කරගෙන මිථ්‍යා ආජීවයෙන් ජීවත් වුනා විතරයි.

ඔය කාලේ ශක්‍ර දේවේන්ද්‍රයෝ වරින් වර මනුස්ස ලෝකය දෙස බලනවා. මව්පියන්ට ඇප උපස්ථාන කරන යහපත් දූ පුතුන් ඉන්නවා ද, ගුරුවරුන්ට ගරු සත්කාර දක්වන කීකරු ශිෂ්‍යයෝ ඉන්නවා ද, වැඩිහිටියන්ට සලකන අය ඉන්නවා ද කියා බලනවා. ඒ වගේම ශ්‍රද්ධාවෙන් පැවිදිව පිළිවෙත් පුරන ශ්‍රමණබ්‍රාහ්මණයෝ ඉන්නවා ද කියලත් බලනවා. පැවිදි වෙස් ගෙන අනාචාරයේ හැසිරෙන්නේ කවුද කියාත් බලනවා. එසේ බලද්දී ගං ඉවුරේ අඹගස් සෙවනේ කුටියක් හදාගෙන අඹගස් ටිකට බැල්ම හෙලාගෙන ඉන්නා කූට තාපසයාව දැක්කා. දැකලා මෙහෙම හිතුවා. 'තාපසයෙක් වුනාම බණ භාවනා කරගෙන පැවිදි දම් පුරන්ට එපායැ. මේ මොකොද මේ... අඹ අඹ කිය කියා ඉන්නේ. මූන්දැට පාඩමක් උගන්වන්ට ඕනෑ' කියා සිතුවා.

එදා තාපසයා බරණැසට ආහාර සොයාගෙන පිටත්ව ගියා. එතකොට සක් දෙවිඳු තමන්ගේ ආනුභාවයෙන් ඔක්කෝම අඹ බිම වැට්ටුවා. සොරු පැන්නා වගේ උනා. ඔය අතර බරණැස සිටු කුමාරියෝ සතර දෙනෙක් අඹ වනයට ඇතුල් වුනා. කූට ජටිලයා ඈතදී ම ඔවුන්ව දැකලා අඹ කඩන්ට ආ අය කියා සිතා දුවගෙන ආවා. "හයියෝ... හපොයි... මේ... තොපි මක්කොළා ද මේ හැබෑට. මේ...

හපෙ හප්පෝ... අඹ ටික සේරම බිම නොවැ. මං නැති අතරේ තොපි ඇවිදිං හිටං අඹ කනවා නේ?"

"අනේ ස්වාමීනී... අපිත් මේ දැන් මෙතැනට ගොඩ උනා විතරයි. අඹ කනවා තියා අඹයක් තවම අතින් ඇල්ලුවේ නෑ."

"නෑ... බොරු කියන්ට එපා... දැනගිය... මයෙ අඹ ටිකට හපොයි වෙච්චි දේ... හරි... අඹ කෑවේම නැතෙයි කියා තොපිට දිවුරන්ට ඇහැකි ද?"

"එහෙමයි ස්වාමීනී... අපි කෑවේ නෑ ම යි. හරි අපි දිවුරුවොත් අපට පාඩුවේ යන්ට දෙනවා නේ ද?"

"ඔව්... ඔව්... දිවුරලාම කීවොත් විතරයි මං අද තොපිලාට යන්ට දෙන්නේ."

"එහෙම හොඳයි ස්වාමීනී" කියා වැඩිමහළු දියණිය දිවුරා සිටිමින් මේ පළමු ගාථාව කීවා.

(1). **යම් එකියක් තොපගේ මේ අඹ -**
සොරකම් කෙරුවා නම්
සුදු කෙස් කලුපාටට හරවන -
කලු කෙස් අතරේ තිබෙනා
සුදු කෙස් ගස් බිරිඳ ලවා -
උදුරුවමින් ඈ වෙහෙසට පත් කරවන
කරදරකාරී මහල්ලෙකුගේ -
බිරිඳක් වෙන්නට ඈට ලැබේවා

සිටු දුව මේ ගාථාව කී විට තාපසයා මෙහෙම කීවා. "හරි... එහෙනම් දැන් තී මේ පැත්තට වෙයන්. කෝ එහෙනම් ඊළඟ එකී දිවුරාපං." එතකොට දෙවැන්නී මේ දෙවෙනි ගාථාව කීවා.

(2). යම් එකියක් තොපගේ මේ අඹ
- සොරකම් කෙරුවා නම්
වයස විස්ස පැනපු විසිපහත් පැනපු
- විසිනවයක් වයසැති හෝ
මෝරාගිය මිනිසෙකුගේ
- බිරිඳක් වෙන්නට ඇට ලැබේවා

එතකොට තාපසයා දෙවැන්නියවත් අනිත් පැත්තට කොට ඊළඟ දැරියට දිවුරන්ට අණ කළා. ඈ මේ ගාථාව පැවසුවා.

(3). යම් එකියක් තොපගේ මේ අඹ
- සොරකම් කෙරුවා නම්
ගණිකාවක් වී තනියම දිවි ගෙවනා
- මිනිසෙකුගේ පණිවිඩය ලබා
තනියම ගව්වක් විතර ඇවිද ගොස්
- ඒ මිනිහාවත් හමු නොවෙනා
දුකසේ දිවි ගෙවනා - ගැහැණියක් වේවා

"හරි... බොහෝම අගෙයි..." එහෙනම් තී ත් මේ පැත්තට වෙයන්. දැන් ඔය ඉතුරු වෙච්චි එකී දිවුරාපං බලන්ට" කියා තාපසයා කිව්වා. එතකොට සිව්වැනි දැරිය මේ ගාථාව පැවසුවා.

(4). යම් එකියක් තොපගේ මේ අඹ
- සොරකම් කෙරුවා නම්
සැරසී අලංකාර ඇඳුමින්
- මල් මාලා ගවසා සඳුන් කල්ක තවරා
සැමියෙකු නැති යහනේ තනි වී
- සුසුම් හෙළනා ගැහැණියක් වේවා

එතකොට තාපසයා මෙහෙම කිව්වා.

"කෙල්ලනේ... තොපි බොහෝම බරපතල විදිහට දිව්රුවා නොවැ. මේ අඹ කැඩීම උඹලාගේ අතින් නම් කෙරිලා නෑ. එහෙනම් වෙන කාගෙන් හරි තමා මේක වෙන්ට ඇත්තේ" කියා ඒ දැරියන්ව පිටත් කෙරෙව්වා. එතකොට සක්දෙවිඳු භයානක භෛරව රූපයක් පෙන්වා තාපසයාව භය කළා. තාපසයා අඹවත්ත දෙස නොබලාම පලාගියා.

මහණෙනි, එදා අඹවත්තට ආසා කරගෙන හිටිය කූට ජටිලයාව සිටියේ ඔය මහලු තැනැත්තා තමයි. ඒ ජටිලයාට සිහි උපදවන්ට මහන්සි ගත් සක් දෙවිඳුන් වෙලා සිටියේ මම" යි කියා භාග්‍යවතුන් වහන්සේ මේ ජාතකය නිමවා වදාළා.

05. ගජකුම්භ ජාතකය

ඉතා සෙමින් ගමන් කරන ගජකුම්භගේ කතාව

පින්වතුනේ, පින්වත් දරුවනේ,

අලසකම අප කාටත් නරක දෙයක්. අලස කෙනාට ජීවිතයේ කිසිම දියුණුවක් ලබන්ට බෑ. අලසබවින් අත්මිදීම අප කළයුතු ම දෙයක්. මේ කතාවෙන් කියැවෙන්නේ එයයි.

ඒ දිනවල අපගේ භාග්‍යවතුන් වහන්සේ වැඩ වාසය කොට වදාළේ සැවැත් නුවර ජේතවනයේ. ඔය කාලයේ සැවැත්නුවර වාසය කළ තරුණයෙක් ඉතාමත් ශ්‍රද්ධාවෙන් ගෞතම ශාසනයේ පැවිදි වුනා. පැවිදි වුනාට මේ භික්ෂුව ධර්මය ඉගෙනීමට, විචාරීමට, නුවණින් මෙනෙහි කිරීමට, වත් පිළිවෙත් කිරීමට උනන්දුවක් නෑ. භාවනා කරන්ට ගියත් ඉක්මනින් නින්දට වැටෙනවා. වැඩක් පලක් කරන්ට ගියත් වරුගානක් ගන්නවා. මේ භික්ෂුවගේ අලස භාවය නැතිකරගෙන උත්සාහයෙන් වැඩ කරන්ට කියා අනිත් භික්ෂූන් වහන්සේලා නිතර කීවත් කරගන්ට බෑ. අලස බවට ම ඇද වැටෙනවා.

දවසක් දම්සභා මණ්ඩපයට රැස්වූ භික්ෂූන් වහන්සේලා මේ අලස භික්ෂුව ගැන කතා කරමින්

සිටියා. ඒ අවස්ථාවේ භාග්‍යවතුන් වහන්සේ එතැනට වැඩමකොට වදාළා. භික්ෂූන් වහන්සේලා තමන් කතා කරමින් සිටි කරුණ භාග්‍යවතුන් වහන්සේට සැලකළා. භාග්‍යවතුන් වහන්සේ මෙසේ වදාළා.

"මහණෙනි, ඔය භික්ෂුව මේ ආත්මයේ විතරක් නොවේ. කලින් ආත්මෙත් ඔහොම තමයි. ඉතාමත් අලසව සිටිය කෙනෙක් නොවැ" කියා මේ අතීත කතාව ගෙනහැර දක්වා වදාළා.

"මහණෙනි, ගොඩාක් ඉස්සර කාලෙක බ්‍රහ්මදත්ත නම් රජ්ජුරු කෙනෙක් රාජ්‍ය විචාරමින් සිටියා. ඔය කාලේ බෝධිසත්වයෝ ඒ රජ්ජුරුවන්ගේ අමාත්‍යවරයෙක්ව සිටියා. බරණැස් රජ්ජුරුවොත් තද කම්මැලිකමට හසුවෙලා සිටි කෙනෙක්. බෝධිසත්වයෝ රජ්ජුරුවන්ව මේ කම්මැලිකමින් මුදවා ගන්නේ කොහොමද කියන එක ගැන බරපතල විදිහට කල්පනා කරමින් එයට අවස්ථාවක් සොයමින් සිටියා. දවසක් රජ්ජුරුවෝ අමාත්‍ය පිරිසක් සමග රාජ උද්‍යානේ ඇවිදින්ට ගියා. එතකොට ඒ උයනට කැළයේ සිට ආ ගජකුම්භ කියන සතෙක් දකින්ට ලැබුනා. මේ සතා මහා කම්මැලියෙක්. අධික නින්දකින් යුක්ත සතෙක්. දවස ම ගමන් කළත් යන්නේ අඟලක දෙකක ප්‍රමාණයක්. රජ්ජුරුවෝ මේ ගජකුම්භ දෙස බලා සිටියා.

"අමාත්‍යවරය, මේ සතා මොකෙක්ද? හරිම කම්මැලියෙක් නොවැ. මහා හෙමින් නොවැ යන්නේ. මං නම් මෙහෙම සතෙක් දැක්කා ම යි."

"මහරජ්ජුරුවෙනි, මෙයාට කියන්නේ ගජකුම්භ කියලා. මහා අලස සතෙක්. ඔය... ඔය බලන්ට දැන් යන්ට ගිහින් නැවතුනා. ඕං... බලන්ට අර... ආයෙමත් දෑස

පියවුනා. දැන් මුන්දැ නිදි. මහා කම්මැලි සතෙක්. පොඩි දුරක් යන්ට වරුගාණක් යනවා" කියලා බෝධිසත්වයෝ ගජකුම්භත් එක්ක කතා කළා. "හා... හා... ගජකුම්භයෝ... ඔහේ ඔහොම ගාට ගාට යද්දි බැරි වෙලාවත් මේ වනාන්තරේට ගිනි ඇවිලුනොත් මොකදෑ කරන්නේ?" කියා මේ ගාථාව පැවසුවා.

(1)

නිතරම නින්දේ ගැලෙනා ගජකුම්භය
මේ වනයට යම් හෙයකින් ගිනි ඇවිලුනොතින්
හාත්පසින් ගින්න ඇවිත් ඇවිලෙන විටදී
කිසිම වීරියක් නොතිබෙන නුඹ මොකදෑ කරන්නේ?

එතකොට ගජකුම්භ ඇස් ඇරගෙන මෙය අසා සිටියා. අසාගෙන ඉඳලා මේ පිළිතුරු ගාථාව කිව්වා.

(2)

මේ වනයට යම් හෙයකින් ගිනි ඇවිලුනොතින්
මෙහෙ හරියට ගස් බෙණ තියෙනව නේ
ඒ වගේම පොළොවේ ගුලුත් තියෙනවා නේ
ඒ ඇතුලට රිංග ගන්ට බැරිවුනොතින්
එතකොට මට මැරෙන්ට සිදුවෙනවා නේ

ගජකුම්භගේ මේ පිළිතුරු ගාථාව ඇසූ බෝධිසත්වයෝ එතැන සිටි රජතුමාටත් වැටහෙන්ට එක්ක මේ ගාථාවන්ගෙන් අරුත් පවසා සිටියා.

(3). **ඉතා හෙමින් කළ යුතු වැඩ දැන**
- ඒව කරන්නට ඕනෑ ඉතා හෙමින්
කෙනෙක් හෙමින් කළ යුතු ඒ වැඩේ
- ඉක්මනින් ම කරන්ට යනවා

ඉක්මනින් කළ යුතු වැඩ
- ගාට ගාට හෙමින් කරනවා
වියළී ගිය කොළ කැඩෙනව වාගේ
- මොහුගේ වැඩත් නැසෙනවා

(4). ඉතා හෙමින් කළ යුතු වැඩ දැන
- කෙනෙක් ඒක හෙමින් කරනවා
ඉක්මනින්ම කළ යුතු වැඩ දැන
- ඒවා ඉක්මනින් කරනවා
පුරපස හඳ මෝරන සේ
- අව පස සඳ ගෙවෙනා සේ
මේ කෙනාගෙ සියලුම වැඩ
- නිසි කලට ම කෙරෙනවා

බෝධිසත්වයන්ගේ මේ ගාථා අසා බරණැස් රජ්ජුරුවෝ හිස වනා එකඟ වුනා. එදා පටන් රජ්ජුරුවෝ කම්මැලිකම වීරියෙන් අත්හැරියා. මහණෙනි, එදා ඉතා හෙමින් ඇවිද ගිය ගජකුම්භ වෙලා සිටියේ ඔය අලස භික්ෂුවයි. නුවණැති අමාත්‍ය වෙලා සිටියේ මම" යි කියා භාග්‍යවතුන් වහන්සේ මේ ජාතකය නිමවා වදාළා.

06. කේසව ජාතකය

හිතවත්කමට බැඳී සිටි කේසව තාපසයාගේ කතාව

පින්වතුනේ, පින්වත් දරුවනේ,

අවංකව දක්වන හිතවත්කම සාමාන්‍ය ජීවිතයේදී පමණක් නොව ශාසනික ජීවිතයේදී ත් එක විදිහට ම බලපානවා. මෙහි සඳහන් වන්නේ ඒ පිළිබඳ කතාවක්.

ඒ දිනවල අපගේ භාග්‍යවතුන් වහන්සේ වැඩ වාසය කොට වදාළේ සැවැත්නුවර ජේතවනයේ. ඔය කාලේ අනේපිඬු සිටාණන්ගේ සිටුගෙදර පන්සියයක් භික්ෂූන් වහන්සේලාට දිනපතා දන් පැන් දෙනවා. සිටු නිවස භික්ෂු සංඝයාට පැන් පොකුණක් වගේ තිබුනා. සිටුනිවසත් කසාවතින් බැබලුනා. සංඝර්ෂීන් වහන්සේලාගේ සිරුරු පිසදා හැමූ සුළං හැම තැන හැමුවා.

දවසක් කොසොල් රජ්ජුරුවෝ නගර ප්‍රදක්ෂිණා කරමින් සිටිද්දී සිටුවරයාගේ නිවස කසාවතින් බැබළීගොස් තිබෙනවා දැක්කා. ෂාහ්... හරි ලස්සනයි නොවැ. ආර්යයන් වහන්සේලාගෙන් සිටු ගෙදර බබළනවා නොවැ. රජ ගෙදරත් ඔය විදිහට ආර්ය සංඝයාගෙන් බබළවන්ට ඕනෑ. මාත් දිනපතා භික්ෂු සංඝයාට දන්වැටක් පවත්වන්ට ඕනෑ කියා ජේතවනයට

ගොස් භාග්‍යවතුන් වහන්සේ බැහැ දැක වන්දනා කොට පන්සියයක් භික්ෂූන් වහන්සේලා රජගෙදරටත් දිනපතා දානයට වඩමවා ගන්ට ආරාධනා කොට අවසර ගත්තා.

එතැන් පටන් රජගෙදරත් දිනපතා දන් දෙනවා. තුන්හවුරුදු පරණ ඉතා සුවඳ ඇල් හාලින් පිසින ලද ප්‍රණීතව පිළියෙල කළ දානයයි දුන්නේ. නමුත් ආදර ගෞරවයෙන්, විශ්වාසයෙන්, ස්නේහයෙන් දන්පුදන දායකයෝ රජගෙදර හිටියේ නෑ. රාජසේවකයෝ තමයි දන් බෙදන්නේ. මේ නිසා රජගෙයි වැඩ හිඳ දන් වළඳින්ට භික්ෂූන් වහන්සේලා කැමති වුනේ නෑ. නා නා අග්‍ර රසයෙන් යුක්ත භෝජන පාත්‍රවලට පිළිගන්නා භික්ෂූන් වහන්සේලා තම තමන්ගේ උපස්ථායක ගෙවල් වලට වඩිනවා. ඒ රජමැදුරේ බත ඒ මිනිසුන්ට දී ඒ ගෙදර පිසින ලද කටුක හෝ රසවත් හෝ තියෙන දෙයක් වළඳා වඩිනවා.

දවසක් රජතුමාට ගොඩාක් පළතුරු වර්ග ලැබුනා. එතකොට රජ්ජුරුවෝ "මේවා එහෙනම් භික්ෂු සංඝයාට දෙව්" කියා රාජසේවකයන්ට අණ කළා. එතකොට රාජසේවකයන් දන්පොළට ගොහින් බැලූ විට එක් භික්ෂුවක්වත් දන් පොළේ දකින්ට හිටියේ නෑ. එතකොට රාජසේවකයන් ගිහින් රජ්ජුරුවන්ට දැනුම් දුන්නා.

"දේවයන් වහන්ස, භික්ෂූන් වහන්සේලා එක් නමක්වත් දන්පොලේ නෑ."

"ඇයි දැන් විකාලෙ ද?"

"නෑ දේවයන් වහන්ස, තවම කැප කාලේ. නමුත් භික්ෂූන් වහන්සේලා තමුන්නාන්සේගේ රජමැදුරේ දන්

පොලේ දන් වළඳින්නෑ. පාත්‍රවලට දන් අරං ගොහින් තමුන්ට හිතේසී දායකයින්ගේ නිවෙස්වලට වඩිනවා. එහෙදී රාජභෝජන උන්දැලාට දීලා ඒ ගෙවල්වල පිස තිබෙන දෙයක් වළඳා වඩිනවා."

"හෝ... ඒ මොකෝ... රාජභෝජන ප්‍රණීතයි නොවැ. එහෙව් එකේ අසවල් දේකට ද ඒවා අහක්කොරලා හිට ගමේ ගොඩේ බොජුන් වළඳින්නේ? මේ මොකදැයි මෙසේ කරන්නේ කියා මං භාග්‍යවතුන් වහන්සේගෙන් අසන්ට ඕනෑ" කියා රජ්ජුරුවෝ ජේතවනයට ගොහින් අපගේ භාග්‍යවතුන් වහන්සේට වන්දනා කොට මෙය සැළකොට සිටියා. එතකොට අපගේ භාග්‍යවතුන් වහන්සේ මෙසේ වදාළා.

"මහරජ්ජුරුවෙනි, ඒක මෙහෙම දෙයක්. භෝජනය කියා කියන්නේ විශ්වාසය ම ඉතා උසස් කොට තියෙන දෙයක් මිස හුදු ආහාරයක් නොවේ. ඔබගේ නිවසේ වුනත් විශ්වාසීව ස්නේහවත්ව දන් පුදන අය නොසිටියොත් භික්ෂූන් දන් පිළිගෙන තම තමන්ට විශ්වාසී දායක නිවෙස්වල ගොහින් වළඳින එක විය හැකි දෙයක්.

මහරජ්ජුරුවෙනි, විශ්වාසය හා සමාන වෙනත් රසවත් දෙයක් නෑ. විශ්වාස නැති තැනකින් දුන් අතිප්‍රණීත චතුමධුරයට වඩා විශ්වාස තැනෙකින් ලැබෙන දී කිරි ටික වටිනවා. ඉස්සර හිටිය නුවණැති පණ්ඩිතවරු අසනීප වුන අවස්ථාවලදී පවා රජ්ජුරුවන්ගේ පංච වෙදකුලයෙන් රාජකීය ලෙස ඖෂධ ප්‍රතිකාර කළත් සුවපත් වුනේ නෑ. නමුත් තමුන්ට සෙනෙහේ ඇති විශ්වාසිකයන්ගේ ළඟට ගොහින් ලුණු නැති ධාන්‍ය කැඳවතුර ටිකකුයි, ලුණු නැති තම්බාපු කොළයි වැළඳූ ගමන් සුවපත් වුනා නොවැ."

එතකොට රජ්ජුරුවෝ ඒ පණ්ඩිතවරු සුවපත් වූ කතාව කියා දෙන්ට කියා භාග්‍යවතුන් වහන්සේගෙන් ඉල්ලා සිටියා. භාග්‍යවතුන් වහන්සේ මේ අතීත කතාව ගෙනහැර දක්වා වදාළා.

"රජතුමනි, ගොඩාක් ඉස්සර කාලෙක බරණැස්පුරේ බ්‍රහ්මදත්ත නමින් රජ්ජුරු කෙනෙක් රාජ්‍ය විචාරමින් සිටියා. ඔය කාලේ මහාබෝධිසත්වයෝ බ්‍රාහ්මණ පවුලක උපන්නා. කප්ප කුමාරයා කියන නමිනුයි ඔහුව හැඳින්වූයේ. ඉතින් මේ කප්ප කුමාරයා තක්සිලාවට ගොහින් ශිල්ප ශාස්ත්‍ර ඉගෙනගෙන ඇවිත් පසුකාලෙක හිමාලෙට ගොහින් ඍෂි පැවිද්දෙන් පැවිදි වුනා. ඔය දවස්වල හිමාලවනයේ කේසව නමැති තාපසයෙක් හිටියා. ඔහු ශිෂ්‍ය තාපසවරු පන්සියයක් පිරිවරාගෙන හිමාලයේ වාසය කළා. බෝධිසත්වයෝත් එතැනට ගියා. ඒ පන්සියයක් වූ ශිෂ්‍ය තාපසවරුන් අතර ප්‍රධාන ශිෂ්‍යයා බවට පත් වුනා. මේ කප්ප නමැති බෝසත් තවුසා කේසව තාපසයාට ඉතාමත් ලැදියි. ඉතා ස්නේහවන්තයි. කේසව තාපසයත් ඒ වගෙයි. ඒ දෙන්නා එකිනෙකාට ඉතාමත් දැඩි විශ්වාසයකින් වාසය කළා.

කලකට පස්සේ මේ කේසව තාපසයා අනිත් තාපස පිරිසත් කැඳවාගෙන ලුණු ඇඹුල් සේවනය පිණිස හිමාලයෙන් පහළට බැස්සා. මනුස්ස වාසයට ඇවිත් බරණැසටත් ආවා. එදා බරණැස් රජ්ජුරුවන්ගේ උයනේ වාසය කරලා පසුවදා බරණැස් නගරයට පිඬු සිඟා ගියා. රාජද්වාරයටත් ආවා. රජතුමා තාපසවරු දැකලා මාළිගය ඇතුලට කැඳවා ගත්තා. ප්‍රණීත භෝජන පූජා කරගත්තා. දිගටම උයනේ වාසය කරන්ට කියා රජ්ජුරුවෝ මේ තාපසවරුන්ගෙන් ඉල්ලා සිටියා. වස් කාලේ අවසන්

වුනාට පස්සේ කේසව තාපසයා තමන් පිටත් වෙන්ට සූදානම් වන බව රජ්ජුරුවන්ට දැනුම් දුන්නා. රජ්ජුරුවෝ මෙහෙම කිව්වා. "අනේ ස්වාමීනී, ඔබවහන්සේ දැන් වයෝවෘද්ධයි. ඒ නිසා අපි ඇසුරෙන් වසන්ට. මේ අනිත් තාපසවරු තරුණ උදවිය නොවැ. මෙයාලා යවන්ට හිමාලෙට."

"ම්ම්... එහෙමත් හොඳා" කියා කේසව තාපසයෝ ජ්‍යෙෂ්ඨ තාපසයා වූ කප්ප තාපසයා අත අනිත් තාපසවරුන්ව හිමාලයට පිටත් කළා. තමන් තනියම නැවතුනා. කප්ප තාපසයා පිරිසත් රැගෙන ගිහින් හිමාලයේ තමන් කලින් හිටිය තැනම වාසය කළා. නමුත් දැන් කේසව තාපසයාට තමන්ගේ ප්‍රධාන ශිෂ්‍යයා වන කප්ප තාපසයා නැතිව හරිම අපහසු වුනා. මහා පීඩාවක් දැනෙන්ට පටන් ගත්තා. දැන් කප්ප තාපසයාව දකින්ට නැහැ. කරුණා මෛත්‍රියෙන් කතා කරන ප්‍රිය වචනයක් ඇහෙන්නෙ නෑ. තමන් සමග දහම් කතාවේ යෙදෙන්ට එවැනි වෙන කවුරුත් හිටියේ නෑ. මේ ගැන සිතීම නිසා තාපසයාට නින්ද ගියේ නෑ. හරි පිළිවෙළකට නින්දක් නැති නිසා වළඳින ආහාර දිරවූයේ නෑ. බඩඑළිය යන්ට පටන් ගත්තා. ටිකෙන් ටික වැඩි වෙලා ලේ බඩ යන්ට පටන් ගත්තා. ගොඩාක් වේදනා ඇති වුනා.

මෙය දැනගත් රජ්ජුරුවෝ මහත් උනන්දුවෙන් රාජකීය වෛද්‍යවරු පස්දෙනා ම කැඳවා තාපසයාට ප්‍රතිකාර කරන්ට පටන් ගත්තා. රෝගයේ කිසිම අඩුවක් නෑ. අන්තිමේදී කේසව තාපසයා රජ්ජුරුවන්ට මෙහෙම කිව්වා. "මහරජ්ජුරුවෙනි, තමුන්නාන්සේ කැමැති මං මැරිලා යනවාට ද, නැතිනම් සනීප වෙනවාට ද?"

"අනේ ස්වාමීනී, මං මේ සෑම මහන්සියක් ම ගන්නේ ඔබවහන්සේව සනීප කරන්ට යි."

"එහෙනම් රජ්ජුරුවනි, මට එක දෙයක් කරන්ට. මාව හිමාලයට ඇරලවන්ට."

"හොඳයි... හොඳයි... මං ඔබවහන්සේ කියන දෙයක් කරන්නම්" කියා රජ්ජුරුවෝ නාරද නමැති ඇමතියා කැඳෙව්වා.

"නාරද... මේ අපගේ තාපසින්නාන්සේව පරිස්සමට වඩමවාගෙන ගොහින් වනාන්තරේ ඇවිදින මිනිසුන්ගේ උදව්වෙන් උන්නාන්සේ හිමාලයේ වැඩ හිටිය අසපුවට ඇරලවන්ට."

එතකොට නාරද ඇමතියා කේසව තාපසයින්ව පරිස්සමට හිමාලයට එක්කරගෙන ගියා. කප්ප තාපසයා කේසව තාපසයා ළඟට දුවගෙන ආවා. කේසව තාපසයා කප්ප තාපසයාව දැක්කා විතරයි හිතේ තිබුනු සියලු තැවුල් දෝමනස්සයන් පහවෙලා ගියා. ලොකු පහසුවක් ඇති වුනා. මහත් සැපයක් ඇති වුනා.

ඊට පස්සේ කප්ප තාපසයා ඉක්මනින් තාපසයාට දානෙ පිළියෙල කළා. ලුණුවත් නැති ධාන්‍ය කැඳකුයි හුමාලයෙන් තම්බාගත් කොළයි හදලා දුන්නා. එය වැළඳූ සැණින් ලේ බඩයාම නැවතුනා.

පසු දවසක බරණැස් රජ්ජුරුවෝ ආයෙමත් නාරද ඇමතියාව කේසව තාපසයින්ගේ සැප දුක් බලාගෙන එන්ට පිටත් කෙරෙව්වා. නාරද ඇමතියා හිමාලයට ගොහින් කේසව තාපසයාව දුටු ගමන් ඉතාමත් සතුටට පත් වුනා.

"හරි පුදුමයි ස්වාමීනී, ඔබවහන්සේ බරණැස රාජකීය වෛද්‍යවරුන් පස්දෙනෙකුගෙන් ප්‍රතිකාර ලබද්දී අසනීපයෙන් පොඩ්ඩක්වත් ගුණයක් ලැබුනේ නෑ. නමුත් දැන් හරිම සුවයෙන් ඉන්නවා නොවැ. අපගේ මේ කප්ප තාපසයෝ උපස්ථාන කරන්නේ කොහොමද?" කියා මේ පළමු ගාථාව පැවසුවා.

(1)

කේසව තාපසයාණෙනි
- කැමති පරිදි සියලු උපස්ථාන ලැබූ
රජතුමාගේ උතුම් ම සැලකිලිත් ලැබී
- හොඳම බේත් ලැබී නෑ සුවපත් වූයේ
මෙහෙ ආපු ගමන් සුවපත් වූයේ
- කප්ප තවුසා සිටිනා මේ අසපුවේ
ඔබට ඇලී වසන්නට තරම්
- විශේෂ මොනවාද තියෙන්නේ

එතකොට මෙය ඇසූ කේසව තවුසා නාරද ඇමතියාට මේ ගාථාවෙන් පිළිතුරු දුන්නා.

(2)

ඇයි නාරද මේ හිමාල වනයේ
- සුභාෂිත වදන් පවසනා
මිහිරි මෙත් තෙපුල් ද තියෙනා
- අපගේ මේ කප්ප ඉන්නවා නොවැ
සිත්කලු රුක් ගොමුත් තියෙනවා
- ඉතිං මේවාට යි මං ආසා

ඊට පස්සේ කේසව තවුසා මෙහෙමත් කිව්වා. "ඒ වගේම නාරද, ඇයි අපේ මේ කප්ප මට ලුණු රස නැතත් හුමාලයෙන් තැම්බූ කොළ මිශ්‍ර කොට ධාන්‍ය කැඳවතුරත්

පෙව්වා නොවැ. ඒක වැළඳූ ගමන් මයෙ ඇගේ තිබුනු සියලු රෝග සංසිඳී ගියා. දැන් මට ලෙඩක් නෑ.

එය ඇසූ නාරද ඇමතියා මේ ගාථාව පැවසුවා.

(3). ප්‍රණීත ලෙස පිසිනා ලද මස් රසින් යුතු
ඇල් හාලේ බත් නොවැ එහෙදී ලැබුනේ
ලුණු රසවත් නැති මේ කැඳ හා කොළ
විතරනෙ මෙහෙදි ලැබෙන්නේ
ඇයි තවුසාණෙනි ඔබ මේවාට ආසා

නාරද ඇමතියාගේ මේ ගාථාව ඇසූ කේසව තාපසයා මේ ගාථාවෙන් පිළිතුරු දුන්නා.

(4)

අනේ පුතේ, රස තිබුනත් කමක් නැතේ
- රස නැතුවත් කමක් නැතේ
ටිකක් වුනත් කමක් නැතේ
- ගොඩක් වුනත් කමක් නැතේ
අපගේ මේ කප්ප ආදරයෙන් දෙන
- මේ දේ මට විශ්වාසයි
විශ්වාසය ඇතිව ලැබෙන දේ නොවැ
- ඉතාම රසවත් වන්නේ

"නාරද, විශ්වාසය හා සමාන වෙනත් රසයක් නෑ. අවිශ්වාස උදවිය දෙන චතුමධුරවලට වඩා විශ්වාසයෙන් යුතුව ලැබෙන ඇඹුල් කැඳ හොඳා" කියා කේසව තවුසා කියා හිටියා. ඉතිං නාරද ඇමතියා බරණැසට ගොහින් රජ්ජුරුවන්ට මේ සියලු විස්තර කියා සිටියා.

මහණෙනි, එදා බරණැස් රජ්ජුරුවෝ වෙලා සිටියේ අපගේ ආනන්දයෝ. නාරද අමාත්‍යයා වෙලා සිටියේ

අපගේ සාරිපුත්තයෝ. කේසව තාපසයා වෙලා සිටියේ බක මහා බ්‍රහ්මයා. කප්ප තාපසයා වෙලා සිටියේ මම” යි කියා භාග්‍යවතුන් වහන්සේ මේ ජාතකය නිමවා වදාළා.

07. අයකූට ජාතකය

බිලිපූජා තහනම් කළ රජු මරන්ට ආ යකු ගැන කතාව

පින්වතුනේ, පින්වත් දරුවනේ,

අපගේ බුදුරජාණන් වහන්සේ බෝසත් අවදියේ පවා මිනිසුන්ට පමණක් නොව සියලු සත්වයන්ගේ හිත සුව පිණිසයි කටයුතු කොට තිබෙන්නේ. මෙය එබඳු කතාවක්.

ඒ දිනවල අපගේ භාග්‍යවතුන් වහන්සේ වැඩ වාසය කොට වදාළේ සැවැත් නුවර ජේතවනයේ. එදා දම්සභා මණ්ඩපයේ රැස්වූ භික්ෂූන් වහන්සේලා අපගේ භාග්‍යවතුන් වහන්සේගේ මහාකරුණාව ගැන කතා කරමින් සිටියා. ඒ අවස්ථාවේ භාග්‍යවතුන් වහන්සේ එතැනට වැඩම කොට වදාළා. භික්ෂූන් වහන්සේලා තමන් කතා කරමින් සිටි කරුණ භාග්‍යවතුන් වහන්සේට සැලකළා. භාග්‍යවතුන් වහන්සේ මෙසේ වදාළා.

"මහණෙනි, තථාගතයෝ සම්බුද්ධත්වයට පත්ව දසතථාගත බල, සිව්විසාරද ඥාණ ආදිය ඇතිව සර්වඥ භූමියේ පිහිටා කරනු ලබන ලෝකාර්ථ චර්යාව සියලුම තථාගතවරුන් හට පොදු බුද්ධ කෘත්‍යයට අයත් දෙයක්. නමුත් බෝධිසත්ව අවදියේ තමා ගැන නොසිතා ලෝකයාගේ යහපත වෙනුවෙන් කටයුතු කොට

තියෙනවා" කියා මේ අතීත කතාව ගෙනහැර දක්වා වදාළා.

"මහණෙනි, ගොඩාක් ඉස්සර කාලෙක බරණැස්පුරේ බ්‍රහ්මදත්ත නම් රජ්ජුරු කෙනෙක් රාජ්‍ය විචාරමින් සිටියා. ඔය කාලේ මහාබෝධිසත්වයෝ ඒ රජ්ජුරුවන්ගේ අගමෙහෙසියගේ කුස පිළිසිඳ ගත්තා. පිය රජ්ජුරුවන්ගේ අභාවයෙන් පස්සේ පුත්‍රයාට රාජ්‍ය භාරය ලැබුනා. ඉතාමත් ධාර්මිකව රාජ්‍ය කරන්ට පටන් ගත්තා.

ඔය දවස්වල බරණැස මිනිස්සු දේවතාවුන්ට පුද පූජා පවත්වනවා කියා බොහෝ දහස් ගණන් එළුබැටළුවන් මරා බිලිපූජා පවත්වනවා. රජ පැමිණි බෝධිසත්වයෝ 'ප්‍රාණඝාතය නොකළ යුතුයි' කියා රාජාඥා පණවා අඬබෙර පැතිරුවා. බිලිපූජාවන්ගෙන් යැපෙන්ට පුරුදු වී සිටි යකුන් යකින්නියෝ තමන්ට ලැබෙන ලාභය අහිමි කළාය කියා බෝධිසත්වයන් එක්ක උරණ වුනා. ඒ අමනුස්සයෝ හිමාලයට ගොහින් යක්ෂ සමාගමේ රැස් වුනා. ඒ සමාගමේදී බෝධිසත්වයන්ව මරන්ට තීරණය වුනා. බලසම්පන්න යක්ෂයෙක්ව එව්වා. ගෙයි මුදුනක ඇති මහකොතක් තරමේ විශාල වූ ගිනිගත් යකඩ මුගුරක් අරගෙන ආවා. ඇවිදින් මහා රෑ ජාමේ බෝධිසත්වයන් සැතපී සිටි සිරි යහනට ඉහළින් සිටගත්තා.

එසැණින් ම සක්දෙව්රජුගේ පාණ්ඩුකම්බල ශෛලාසනය රත් වී ගියා. එයට හේතුව ආවර්ජනා කොට බලද්දී බෝධිසත්වයෝ විපතට පත්වෙන්ට යන බව දැක්කා. එතකොට ම සක්දෙව්රජු තමන්ගේ ඉන්ද්‍රවජ්‍ර ආයුධය අතැතිව අර යක්ෂයාට ඉහළින් පෙනී සිටියා.

බෝධිසත්වයන්ට ඇහැරුණා. ඇස් හැර බලද්දී

තමන්ගේ යහනට ඉහළින් ගිනිගත් මහා යගදාවක් ඔසොවා ගත් යකෙක් ඉන්නවා දැක්කා. දැකලා මෙහෙම සිතුවා.

'ම්... ම්... කවුද මෙයා. මාව ආරක්ෂා කොරන්ට ආ කෙනෙක් ද? නැත්නම් මරන්ට ආ කෙනෙක් ද?' කියා සිතා යක්ෂයාත් එක්ක කතා කරමින් මේ පළමු ගාථාව පැවසුවා.

(1)

අතිවිශාල මහා යකඩ මුගුරක් ඔසොවා
- ආකාසේ සිටගෙන ඉන්නේ
තොප ඇවිදින් ඉන්නෙ ඔතන
- මට රැකවල් පිණිස ඇවිත් දෝ
නැතිනම් ඇවිදින් ඉන්නේ
- මාව මරා දමන්ට දෝ

බෝධිසත්වයෝ කතා කළේ යක්ෂයා එක්කයි. බෝධිසත්වයන්ට පෙනෙන්නේ යකාව විතරයි. සක් දෙවිඳුන්ව පෙනෙන්නේ නෑ. යකා සක්දෙවිඳුන්ව දැක හොඳටෝම භය වුනා. දැන් යකාට බෝධිසත්වයන්ට පහර දෙන්ට විදිහක් නෑ. බෝධිසත්වයන්ගේ ගාථාව අසා යකා මෙහෙම කිව්වා.

"මහරජ, මං මේ ඇවිත් ඉන්නේ තෝ රකින්ට නොවේ. මේ ගිනි දැල්වෙන යකඩ කුළෙන් පහර දී තෝ මරා දමන්ටයි. නමුත් මට ඉහළින් ආකහේ සක්දෙව්මහරජාණෝ වැඩ ඉන්නවා නොවැ. උන්නාන්සේට භයින් මං තොට පහර දෙන්ට බැරිවයි ඉන්නේ" කියා මේ දෙවෙනි ගාථාව කිව්වා.

(2). එම්බා නිරිඳාණෙනි -
තෝ මරා දමන්ටයි මාව මෙතැනට එව්වේ
මට ඉහළින් ආකාසේ වැඩ හිඳිමින් -
සක්දෙව්රජු තෝව රකිනවා
දිව්‍ය රාජයා ඉහළින් ඉන්න නිසා -
මං තොගෙ හිස පලන්නෙ නෑ

යකාගේ මේ කියමන ඇසූ බෝධිසත්වයෝ යකාට මේ ගාථාවලින් පිළිතුරු දුන්නා.

(3)

අනේ දෙව්ලොව දෙවියන්ගේ රජු -
මාඝවයාණෝ, සුජම්පතියාණෝ
සක්දේවරජාණෝ අහසේ සිට මා සුරකී නම් -
සියලු පිසාචයෝ කැමති පරිදි හඬ හඬා හිටිං
රකුසනි තොපි කොච්චර ආවත් -
මං නම් භය වෙන්නෙ නෑ

(4)

මෙහි ඉන්නා ඔක්කොම කුම්භාණ්ඩයෝ
- පාංශුපිසාචයෝ
කරගන්ට දෙයක් නැතිව
- කැමති පරිදි හඬ හඬා හිටිං
පිසාචයින් හට මා හා යුද කරන්ට බෑ
- බොහෝ බිහිසුනු දේ පෙන්නාවී
ඒත් මං භය වෙන්නේ නෑ

එතකොට සක්දෙව්රජු යක්ෂයාව පලවා හැරියා. බෝධිසත්වයෝ ඉදිරියේ පෙනී සිටියා. "මහරජ, කිසිදේකට භය ගන්ට කාරි නෑ. ඔබගේ ආරක්ෂාව මං බලාගන්නම්. දැහැමිව රාජ්‍ය පාලනය කරන්ට" කියා නොපෙනී ගියා.

මහණෙනි, එදා සක්දෙව්රජුව සිටියේ අපගේ අනුරුද්ධයෝ. බරණැස් රජුව සිටියේ මම” යි කියා භාග්‍යවතුන් වහන්සේ මේ ජාතකය නිමවා වදාළා.

08. අරඤ්ඤදූසක ජාතකය

වනයේ සිටි තවුසා පවා නොමග ගිය කතාව

පින්වතුනේ, පින්වත් දරුවනේ,

කෙනෙකුගේ ජීවිතයක් යම් අවස්ථාවක නොමග ගියොත් ඒක දිගටම සසරට බලපාන්ට ඉඩ තියෙනවා. මේ කතාවෙන් කියැවෙන්නේ එබඳු දෙයක්.

ඒ දිනවල අපගේ භාග්‍යවතුන් වහන්සේ වැඩ වාසය කොට වදාළේ සැවැත්නුවර ජේතවනයේ. ඔය කාලේ සැවැත්නුවර තරුණයෙක් ඉතාම ශ්‍රද්ධාවෙන් පැවිදි වුනා. නමුත් පිළිවෙත් පුරන්ට කැප වුනේ නෑ. උත්සාහයෙන් ඉන්ද්‍රිය සංවර කරගත්තේ නෑ. මරණය ගැන නිතර මෙනෙහි කළේ නෑ. අසුභ භාවනාව පුරුදු කළේ නෑ.

ඉතින් මේ භික්ෂුව පිණ්ඩපාතේ යද්දී එක්තරා නිවසකින් විශේෂයෙන් සලකන්ට පටන් ගත්තා. ඒ ගෙදර නිසි කලවයසේදී දීග දීගන්ට බැරි වෙච්ච් ගෑණු ළමයෙක් සිටියා. මේ වයසට ගිය ගෑණු ළමයා අර භික්ෂුවට නොමනා කතා කියමින් සිත වෙනස් කළා. එතකොට ඒ භික්ෂුවටත් අර ගෑණු කෙනා ගැන සිත බැඳී ගියා. මේ ගැන ම කල්පනා කරමින් මහත් චිත්ත පීඩාවෙන් කල් ගත කළා. අන්තිමේදී සිවුරු හරින්ට

තීරණය කළා. තමන්ගේ ආචාර්ය - උපාධ්‍යායන් වහන්සේලා මුණගැසී සිවුරු හැර යන්ට අදහස් කළ බව දන්වා සිටියා. එතකොට ඒ තෙරුන්නාන්සේලා ඒ භික්ෂුව එක්කරගෙන භාග්‍යවතුන් වහන්සේ ළඟට ගියා. මේ භික්ෂුව සිවුරු හැර යන්ට සූදානමින් සිටින බව සැළකොට සිටියා. එතකොට භාග්‍යවතුන් වහන්සේ ඒ භික්ෂුවගෙන් මෙසේ විමසා වදාළා.

"භික්ෂුව... ඔබ මොකද සිවුරු හැර යන්ට සිතූ කාරණාව?"

"අනේ ස්වාමීනී, එක්තරා කාන්තාවක් මගේ සිත වෙනස් කළා. මට දැන් නිතරම ඈ මතක් වෙනවා. මට මොකුත්ම කරගන්ට බෑ."

"භික්ෂුව, ඔය කාන්තාව කලින් ආත්මෙකත් තමන්ගේ බඹසර ජීවිතයට අන්තරාය කළා. තමන්ව මහත් විපතකට පමුණුවන්ට සූදානම් වුනා. නුවණැත්තන්ගේ අවවාද නිසා එදා ඔබ බේරුනා."

එතකොට භික්ෂූන් වහන්සේලා මේ භික්ෂුවගේ බඹසරට පෙර ආත්මයේත් හානි කළ ඒ සිදුවීම කියා දෙන්ට කියා භාග්‍යවතුන් වහන්සේගෙන් ඉල්ලා සිටියා. භාග්‍යවතුන් වහන්සේ මේ අතීත කතාව ගෙනහැර දක්වා වදාළා.

"මහණෙනි, ගොඩාක් ඉස්සර කාලේ බරණැස්පුරේ බ්‍රහ්මදත්ත නමින් රජ්ජුරු කෙනෙක් රාජ්‍ය කරමින් සිටියා. ඔය කාලේ මහාබෝධිසත්වයෝ බ්‍රාහ්මණ කුලයේ ඉපදිලා තක්සිලාවට ගොහින් ශිල්ප ශාස්ත්‍ර ඉගෙන ආවා. තිසි වයසේදී කසාදයක් කරගෙන වාසය

කරද්දී මේ යුවලට පුතෙකුත් ලැබුනා. කලක් යද්දී මේ බ්‍රාහ්මණ බිරිඳ හදිසියේ හටගත් අසනීපයකින් මිය ගියා.

එතකොට බ්‍රාහ්මණයා තම පුත්‍රයාත් රැගෙන හිමාලෙට ගොහින් ඍෂි පැවිද්දෙන් පැවිදි වුනා. නදියක් අසල කුටියක් කරවාගෙන වාසය කළා. මේ කුමාරයාත් ක්‍රමයෙන් තරුණ තාපසයෙක් වුනා. දවසක් ලොකු තාපසයා සිය පුත්‍රයා ආශ්‍රමයේ නවතා පලවැල සොයා ගන්ට වනයට ගියා.

ඔය අතරේ සොරුකල්ලියක් ගමක් මංකොල්ලකා ඒ ගමේ කාන්තාවන්වත් පැහැරගෙන ගියා. ඒ යන අතරේ එක් කෙල්ලක් හොරෙන්ම පිරිසෙන් පැන ගත්තා. වනාන්තරේ දුවගෙන ගියා. යද්දී මේ හුදෙකලාවේ තියෙන ආශ්‍රමය දැක්කා. මෙයට ගොඩවී බලද්දී හැඩකාර යොවුන් තාපසයෙක් ඉන්නවා. එතකොට ඒ ස්ත්‍රිය මේ තවුසාව කාමසේවනයට පොළඹවා ගත්තා. බඹසර සීලයට හානි පැමිණෙව්වා. "මේ කැලයකට වෙලා මක්කරනවා ද? එන්ට මාත් එක්ක යං. අපි කොහේහරි ගිහිං ජීවත්වෙමු" කියා මේ තාපසයාව පොළඹවා ගත්තා.

"මෙහේ ලොකු තාපසින්නාන්සේ අපේ පියා. උන්නාන්සේ පලවැල ගෙනෙන්ට ගොහිං. එනකල් ඉඳලා මං පියාට කියලා එන්නං."

"හොඳා එහෙනං.... මං මග බලාන ඉන්නවා ඕං. එහෙනං පියා ආ විට කියලා හනික එන්ට" කියා ඒ ස්ත්‍රිය ගිහිං අතරමග වාඩිවෙලා තාපසයා කැඳවාගෙන යන අදහසින් සිටියා.

පිය බ්‍රාහ්මණයා පැමිණියාට පසු පොඩි තාපසයා මේ පළමු ගාථාව පැවසුවා.

(1)

අනේ පියාණෙනි මට දැන් කැලේ ඉන්ට බෑ
- ගමට යන්ට ම ඕනෑ
හැබැයි ගමට මං ගියාට පස්සේ
- කාවද ඇසුරු කරන්නේ
මං ඇසුරු කරන්නට ඕනෑ
- කොයි වාගේ අය ද කියා
මට දැනගන්නට ඕනෑ
- අනේ මට කියා දෙන්ට කෝ

එතකොට පිය තවුසා තම පුත්‍රයාට අවවාද වශයෙන් මේ ගාථාවන් පැවසුවා.

(2)

පුතේ ගමට ගිය විට උඹ -
යමෙක් උඹව විශ්වාස කරයි නම්
උඹටත් ඔහු ගැන විශ්වාසය ඇති වේ නම් -
උඹ ඒ මනුස්සයට කැමති නම්
උඹ කියනා දේ ඒකා අසනව නම් -
උඹේ අඩුපාඩු ගැන ඉවසනවා නම්
අන්න එබඳු කෙනෙකුව පුත - ඇසුරට අරගං

(3)

පුතේ උඹ ඇසුරට ගන්න කෙනා -
කයෙන් වචනයෙන් සිතෙන්
කිසි වරදක් නොකරයි නම් -
අන්න එබඳු කෙනාව නම් ආදරයෙන්
ළයෙහි හොවා හදනා දරුවෙකු විලසින් -
ඇසුරට අරගං

(4)

කහ දියර වගේ වහා නැති වෙන -
චපල සිතින් යුතුව සිටින
පොඩි දේටත් ඇලෙන ගැටෙන -
ඕනෑම නරක දෙයක් කරන
කෙනෙක්ව මුණගැසුනෝතින් -
මිනිසුන්ගෙන් මුළු දඹදිව හිස් වුනත් පුතේ
ඒකා ඇසුරට නම් ගන්ට එපා -
උඹ තනියම හිටහං

එතකොට පොඩි තාපසයාට යහපත් පුද්ගලයෙකුගේ ඇසුරේ ඇති දුර්ලභකම වැටහුනා. "හපොයි පියාණෙනි, මං මෙවැනි ගුණධර්ම ඇති වෙනත් පුරුෂයෙක්ව හොයාගන්නෙ කොහොමෙයි. ගමට ගියොත් මං අනාථ වෙයි. ඊට හොඳා මං ඔයා ළඟම දිගටම ඉන්න එක" කියා නැවතුනා. එතකොට ලොකු තාපසයා ඔහුට කසිණ භාවනාව ඉගැන්නුවා. පියපුතු දෙන්නාම ධ්‍යාන උපදවාගෙන මරණින් මතු බඹලොව උපන්නා.

මහණෙනි, එදා පොඩි තාපස පුත්‍රයාව සිටියේ මේ භික්ෂුවයි. පොඩි තාපසයාගේ බඹසරට හානි කළ ස්ත්‍රියව සිටියේ මෙදාත් මේ භික්ෂුව සිවුරු හරවා ගන්ට පෙළඹවූ ස්ත්‍රිය ම යි. පිය තවුසාව සිටියේ මම" යි කියා භාග්‍යවතුන් වහන්සේ මේ ජාතකය නිමවා වදාළා.

09. සන්ධිභේද ජාතකය

කේළාම් කියා මිතුදම වැනසූ සිවලාගේ කතාව

පින්වතුනේ, පින්වත් දරුවනේ,

මේ කාලේ වුනත් බොහෝ දෙනෙක් විහිළු තහළු කරමින් කතාබස් කරමින් ඉන්නවා මිසක් වචනයෙන් සිදුවෙන්ට තියෙන බරපතල හානි ගැන අවධානයක් දක්වන්නෑ. ඒ නිසා ගොඩාක් අයට හරියට බොරු කියැවෙනවා, කේළාම් කියැවෙනවා. පරුෂ වචන කියැවෙනවා. කිසි වැදගැම්මකට නැති නිසරු ලාමක කතා කියැවෙනවා. මේ නිසා තමා නොදැන සිටියත් තමන්ට වචනයෙන් ගොඩාක් අකුසල් රැස්වෙනවා. ඒවා සංසාරයේ තමන්ට භයානක ලෙස අත්විඳින්ට සිදුවෙනවා.

ඔය වචනයෙන් විය හැකි පව් අතර කේළාම් කීම යනු බරපතල පවක්. වෙනත් කෙනෙක් ගැන තමන්ට ඇහුනු දෙයක් තමන් එයාට කියනවා. "ආං ඔයාට අසවලා මෙහෙම කිව්වා" ය කියා. එතකොට එයා කියනවා නේ අනිත් කෙනාට විරුද්ධ දෙයක්. ඒක අනිත් කෙනාට කියනවා "අන්න අරයා ඔයාට මෙහෙම කීවා" කියා. මෙයයි කේළම. මේ කේළම් නිසා එකිනෙකා අතර ගොඩාක් සිත් බිඳීම් ඇතිවෙනවා. හිතවත්කම් නැති වෙනවා. සිතේ සතුට සැනසීම නැති වෙනවා. සණ්ඩු

සරුවල් ඇතිවෙනවා. අපායගාමී අකුසලුත් රැස්වෙනවා. දැන් කියැවෙන්නේ එබඳු කතාවක්.

ඒ දිනවල අපගේ භාග්‍යවතුන් වහන්සේ වැඩ වාසය කොට වදාළේ සැවැත්නුවර ජේතවනයේ. ඔය කාලේ ජේතවනයේ සිටියා ඡබ්බග්ගිය භික්ෂූන් කියා භික්ෂූන් සය දෙනෙකුගේ කණ්ඩායමක්. මෙයාලා හැම තිස්සේම එකට සිටියේ. නමුත් මෙයාලා බරපතල වරදක් කළා. එනම් කේළාම් කියා භික්ෂූන් භික්ෂූන් කෙටවීම යි. එතකොට තෙරුන්නාන්සේලා මේ ඡබ්බග්ගිය භික්ෂූන් පිරිස භේදභින්න කරවන බව භාග්‍යවතුන් වහන්සේට සැළකොට සිටියා. භාග්‍යවතුන් වහන්සේ ඔවුන්ව කැඳෙව්වා.

"හැබෑද... මහණෙනි, ඔබ කේළාම් කියා එකිනෙකාව කොටවනවා කියන්නේ. නූපන් සණ්ඩු සරුවල් ඇති කරවනවා කියන්නේ. උපන් සණ්ඩු සරුවල් තව තවත් වැඩිවෙන්ට අවුස්සනවා කියන්නේ. හැබෑ ද?"

"එහෙමයි භාග්‍යවතුන් වහන්ස, අපි අතින් ඒ වැරැද්ද උනා."

"මහණෙනි, කේළාම් කියනවා කියන්නේ එකිනෙකාට පහර දෙන්ට ආයුධ සපයනවා වැනි දෙයක්. දැඩි විශ්වාසයෙකින් මිතුදමින් වෙළී සිටි අයත් කේළාම් නිසා බිඳී වැනසී ගියා. එකිනෙකාට මහත් ආදරයෙන් සිටි සිංහයෙකුයි වෘෂභයෙකුයි කේළම නිසා වැනසුනා" කියා මේ අතීත කතාව ගෙනහැර දක්වා වදාළා.

"මහණෙනි, ගොඩාක් ඉස්සර කාලෙක බරණැස්පුරේ බ්‍රහ්මදත්ත නම් රජ්ජුරු කෙනෙක් රාජ්‍ය විචාරමින් සිටියා. ඔය කාලේ මහාබෝධිසත්වයෝ ඒ රජ්ජුරුවන්ගේ

පුත්‍රයා හැටියට උපන්නා. පිය රජ්ජුරුවන්ගේ අභාවයෙන් පස්සේ බරණැස් රජු බවට පත් වුනා. ධාර්මිකව රාජ්‍ය පාලනය ගෙන ගියා.

ඔය දවස්වල එක් ගොපල්ලෙක් වනාන්තරේක ගවපට්ටියක් පවත්වාගෙන ගියා. ඔහු ඒ ගවපට්ටිය ගමට අරගෙන එද්දී එක් ගැබ්බර ගවදෙනක් මගහැරුනා. එතකොට ඈ කැළේ ම නැවතුනා. ඒ කැළේ ම සිටිය ගැබ්බර සිංහධේනුවක් මේ ගැබ්බර ගවදෙනත් එක්ක හිතවත් වුනා. දෙන්නාට දෙන්නා මහත් ආදරයෙන් වාසය කළා. ටික දවසකින් ගවදෙන පැටියෙක් වැදුවා. සිංහධේනුවත් සිංහ පැටියෙක් වැදුවා. මෙයාලා පුංචිකාලෙ ම එකට හැදුනා. ඒ නිසා එකිනෙකා මහත් ආදරයෙන් වාසය කළා. දෙන්නා එකට ම යි වාසය කළේ.

කලක් යද්දී ගවදෙනයි, සිංහධේනුවයි මිය ගියා. දැන් ගවයා හොඳට අං වැඩී ගිය මහා වෘෂභයෙක්. සිංහයාත් මහ දැවැන්තයෙක්. නමුත් දෙන්නාගේ පොඩි කාලේ ඇති වූ හිතමිත්‍රකම වෙනස් වුනේ නෑ. ඉතාම සමගියෙන් වාසය කළා.

දවසක් වනයේ ඇවිද යන මිනිසෙක් මේ පුදුම සහගත ගවසිංහ මිත්‍රත්වය දැකලා, වනයේ වෙනත් විශේෂ දේත් රැගෙන බරණැස් රජ්ජුරුවෝ බැහැදකින්ට ගියා. රජ්ජුරුවෝ මොහු සමග වනයේ තොරතුරු කතා කරමින් සිටියා.

"මිත්‍රයා... එතකොට ඔය වනාන්තරේ පුදුම සහගත දේවල් දකින්ට ලැබෙන්නේ නැද්ද?"

"හනේ දේවයන් වහන්ස, මෙවර නම් මං මහා පුදුමාකාර දෙයක් දැක්කා. මහා කේසර සිංහයෙකුයි,

විශාල අං තියෙන දැවැන්ත ගවයෙකුයි ගජ මිත්‍රයෝ වෙලා එකිනෙකා ලෙව කාගෙන හිටියා නොවැ. බලන්ට ලස්සනේ බෑ."

"හැබැයි මිත්‍රයා... බලපං මං කියන දේ. ඔය දෙන්නා අතරට තුන්වැනියෙක් ආ දාට එයාලාගේ මිතුදම නිමාවේවි. මහා අනතුරක් වේවි. ආයෙ වනයට ගිය විට තුන්වැන්නෙක් එකතු වෙලා සිටියොත් මට දැනුම් දීපං."

ආයෙමත් දවසක් වනයේ යන මිනිසා කිසියම් වැඩකට වනයට ගියා. ඒ වතාවේ විශේෂයෙන් අර දෙන්නාව බලන්ට ආසා නිසා ඒ පැත්තටත් ගියා. එතකොට තව දෙයක් දැක්කා. එතැනට නරියෙක් එකතු වෙලා. නරියා තමයි දැන් සිංහයාටයි ගවයාටයි උපස්ථාන කරන්නේ. මෙය දුටු මිනිසා 'හා... මේං තුන්වැනියෙක් එකතුවෙලා. මං මේක අපේ රජ්ජුරුවන්ට කියන්ට ඕනෑ' කියලා නගරයට ගියා.

දවසක් නරියා මෙහෙම සිතුවා. 'මට දැන් වෙනත් වෙනත් මස් ජාති කාලා එපා වෙලා... හැබැයි තවම සිංහ මසක රස බලන්ටත් බැරි වුනා. ගව මසක රස බලන්ටත් බැරි වුනා. හරි... මුන් දෙන්න අවුලුවන්ට ඕනෑ. එතකොට මට දෙන්නාගේ ම මස් කත හැකි.' ඊට පස්සේ නරියා දෙන්නා ළඟට වෙන වෙන ම ළං වුනා. "මං මේ නොකියා ඉඳලා බැරිම තැන ඔහේට ඇති ආදරවන්ත කොමටයි මේ කියන්නේ. ආං සිංහයා ඔහේට මෙහෙම කිව්වා." කියලා ගවයා තුළ සිංහයා ගැන තිබූ විශ්වාසය බින්දා. "හනේ... ස්වාමී... මට මේවා කියන්ට කැපත් නෑ. ඒත් නොකියාත් බෑ. තමුන්නාන්සේට විපතක් වෙන්ට තියේ නම් වේලාසනින් කියන්ට එපා යැ. මං තමුන්නාන්සේට

මයෙ පණ දීලා නොවැ ඉන්නේ. ඔය වෘෂභයාගෙන් ප්‍රවේසම් වුනොත් හොඳා. වෘෂභයා මට මෙහෙම මෙහෙම කීවා" කියා දෙන්නාට දෙන්නා කෙටෙව්වා.

දැන් ටික ටික දෙන්නා වෙන් වුනා. එකිනෙකාගෙන් කොයි වෙලාවේ හරි අනතුරක් වේවි. ඊට කලියෙන් අනිකාව මරා දමන්ට ඕනෑ ය යන අදහසට ආවා.

වනයේ හැසිරුන මිනිසාත් රජ්ජුරුවන්ට ගිහින් කියා සිටියා. "දේවයන් වහන්ස, ඔබවහන්සේ කිව්ව කතාව හරි... ආං... එතන්ට නරියෙක් ඇවිත් ඉන්නවා."

"මිත්‍රයා... දැන් ඉතින් ඔය සිංහයාගේත් ගවයාගේත් ආයුෂ ඉවරයි. බලාපං මං කියන දේ. වැඩිකල් නොයා දෙන්නා මරාගන්නවා. දැන් යන එක හරි නෑ. මේ වෙද්දීත් එකාට එකා කේන්තියෙන් ඇති. එවුන් මැරුණ කාලෙට ගිහින් බලමු."

පසුවදා රජ්ජුරුවෝ රථයට නැගී වනයේ ඇවිදින මිනිසා කියූ මං මාවත් ඔස්සේ යද්දී වෙන්ට ඕනෑ දේ වෙලා. සිංහයා ගවයාව මරන්ට ඇවිත්, ගවයාත් සිංහයාට සිය අඟින් මාරාන්තික ප්‍රහාරයක් දීලා දෙන්නාම දෙපැත්තට මැරී වැටිලා. එතකොට අර තක්කඩි නරියා එක් වරක් ගිහින් සිංහ මස් කාලා එනවා. ඊට පස්සේ අනිත් පසට ගිහින් ගව මස් කාලා එනවා. මේ සංවේගජනක දර්ශනය දුටු රජ්ජුරුවෝ සිය රියැදුරා අමතා මේ ගාථාවන් පැවසුවා.

(1)

රියැදුර මට සිතුනේ මේකයි -
මේ දෙන්නා අතරේ සිංහයා සිංහදෙනට බැඳෙයි

ගවයා ගවදෙනට බැඳෙයි -
දෙන්න බැඳුන ස්ත්‍රී තුළත් සමානකම නැත්තේ
මස් කයි සිංහයා තණකොළ කයි ගවයා -
දෙන්නාගේ ආහාරෙත් සමානකම නැත්තේ
නමුත් එබඳු අසමානකමකින් -
දෙන්නාගේ මිතුරුකමට හානියක් නැතේ
දෙන්නගේ ම මස් බුදින්ට ආසා කළ -
නරියෙක් ඒ මිතුදම වනසාලූ හැටි

(2)

තියුණු අවියකින් මස් කැපිලා යන සේ
- කේළම මිතුරන්වත් කපා නසා දමයි
මිතුරුකමත් වැනසී ගිය විට
- සිංහ මසුත් වෘෂභ මසුත්
නරිකැල රැස්වී සතුටින් - අනුභව කරනා හැටි

(3)

රියැදුර පේනවා නේද අතන -
කේළාම් බස් පිළිගැනීම නිසා
වැනසී ගිය අර දෙන්නාගේ -
මළ සිරුරු නිදා සිටිනා හැටි
කේළම් බස් ඇත්තක් ලෙස -
විශ්වාසෙට ගන්න කෙනා හට
වෙන්නෙත් අර දෙන්නා වාගේ -
විනාශයට පත් වෙන එක විතරයි

(4)

රියැදුර, කේළාම් කියනා කෙනාගේ
- වචනෙට හසුනොවෙනා අය
කේළම සත්‍යයක් ලෙසට ම

- නොගන්න නුවණැති උදවිය
සුවසේ ම යි නිතර වසන්නේ
- දෙව්ලොව ගොස් සැප විඳිනා අය සේ

ඒ නිසා මහණෙනි, මොනම අවස්ථාවකදීවත් තවත් කෙනෙක් කියූ දෙයක් වේවා, නොකියූ දෙයක් වේවා අසමගියට, ආරවුලකට, අර්බුදයකට හේතුවක් වේ නම් එවැනි කේළාම් නොකිව යුතු ම යි. මින් පසු කවුරු හෝ තවත් කාට හෝ අසවලා ඔබට මෙසේ කීවේ ය යනාදී වශයෙන් කේළාම් කීවොත් ඔහුට ඇවැත් වේ කියා භාග්‍යවතුන් වහන්සේ ශික්ෂාපදයකුත් පනවා වදාළා.

මහණෙනි, එදා බරණැස් රජුව සිටියේ මම" යි කියා භාග්‍යවතුන් වහන්සේ මේ ජාතකය නිමවා වදාළා.

10. දේවතා පඤ්හ ජාතකය

මේ දේවතාපඤ්හ ජාතකය උම්මග්ග ජාතකයේ විස්තර වශයෙන් එන්නේ ය.

පස්වෙනි චූළකුණාල වර්ගය යි.

මහාමේඝ ප්‍රකාශන